D1734611

Benny Blu

Käfer

Text von Sabrina Kuffer

Illustriert von Dieter Tonn

_____

www.bennyblu.de

Entdecke zusammen mit Benny Blu die bunte Welt der Käfer!

Wo leben Käfer?
Was fressen sie?
Und können Käfer
fliegen?

Käfer gehören wie Schmetterlinge,
Fliegen und Bienen zu den Insekten.

Insekten haben kein weiches Fell
wie zum Beispiel eine Katze,
sondern einen harten Panzer.

Benny Blu Wissens-Tipp:

So erkennst du Insekten: Zählst du sechs Beine, ist das Tier ein Insekt!

Käfer leben auf Wiesen, im Wald,
in der Wüste und sogar im Wasser.

Es gibt sehr viele
verschiedene
Käfer.

Hast du schon einmal einen Marienkäfer gesehen? Er ist meist rot mit schwarzen Punkten auf dem Rücken.

Den Giraffenkäfer erkennst
du an seinem langen Hals.

Der größte, bei uns
lebende Käfer
heißt Hirschkäfer.
Er wird fast
so groß wie
dieses Buch!

Einige Käfer leuchten in bunten Farben.

Manche Käfer können fliegen,
schwimmen oder springen.

Der Körper des Käfers setzt sich aus drei Teilen zusammen:

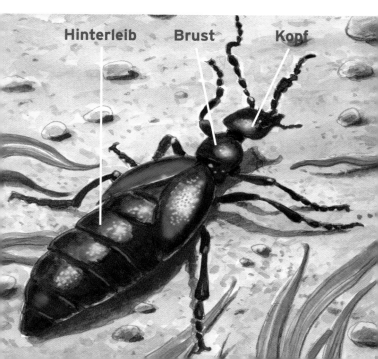

Hinterleib   Brust   Kopf

Am Kopf sitzen Augen und Fühler.

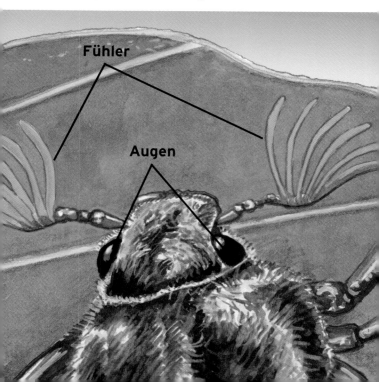

Der Käfer tastet und riecht
mit seinen Fühlern.

Das fressen Käfer gerne:

Blätter

Obst

Holz

Getreide

Mist

kleine Insekten

Schnell weg!
Sonst wird der Käfer
selbst gefressen. Vor
Vogel und Igel muss
er sich in Acht nehmen.

Das Käferweibchen legt ganz viele kleine Eier.

Aus den Eiern schlüpfen die Käfer-
babys. Man nennt sie Larven.

Sie fressen den ganzen Tag.

Hat die Larve genug gefressen, wird sie ganz still und bewegt sich nicht mehr: Sie verpuppt sich.

Nach einiger Zeit schlüpft aus der
Puppe ein neuer Käfer.

Weitere Titel

Bei Benny Blu Bambini findet ihr auch diese Bücher ...

... und noch viele, viele mehr!